iskola - school	2
utazás - reis	5
közlekedés - transport	8
város - stad	10
táj - landschap	14
étterem - restaurant	17
szupermarket - supermarkt	20
italok - drankjes	22
étel - eten	23
gazdálkodás - boerderij	27
ház - huis	31
nappali - woonkamer	33
konyha - keuken	35
fürdőszoba - badkamer	38
gyerekszoba - kinderkamer	42
ruházat - kleding	44
iroda - kantoor	49
gazdaság - economie	51
foglalkozások - beroepen	53
szerszámok - werktuigen	56
hangszerek - muziekinstrumenten	57
állatkert - zoo	59
sportok - sporten	62
tevékenységek - activiteiten	63
család - familie	67
test - lichaam	68
kórház - ziekenhuis	72
vészhelyzet - noodgeval	76
föld - aarde	77
óra - klok	79
hét - week	80
év - jaar	81
alakzatok - vormen	83
színek - kleuren	84
ellentétek - tegengestelden	85
számok - cijfers	88
nyelvek - Talen	90
ki / mi / hogyan - wie / wat / hoe	91
hol - waar	92

Impressum
Verlag: BABADADA GmbH, Nedderfeld 112 , 22529 Hamburg
Geschäftsführer / Verlagsleitung: Harald Hof
Druck: Books on Demand GmbH, In de Tarpen 42, 22848 Norderstedt

Imprint
Publisher: BABADADA GmbH, Nedderfeld 112 , 22529 Hamburg, Germany
Managing Director / Publishing direction: Harald Hof
Print: Books on Demand GmbH, In de Tarpen 42, 22848 Norderstedt

iskola
school

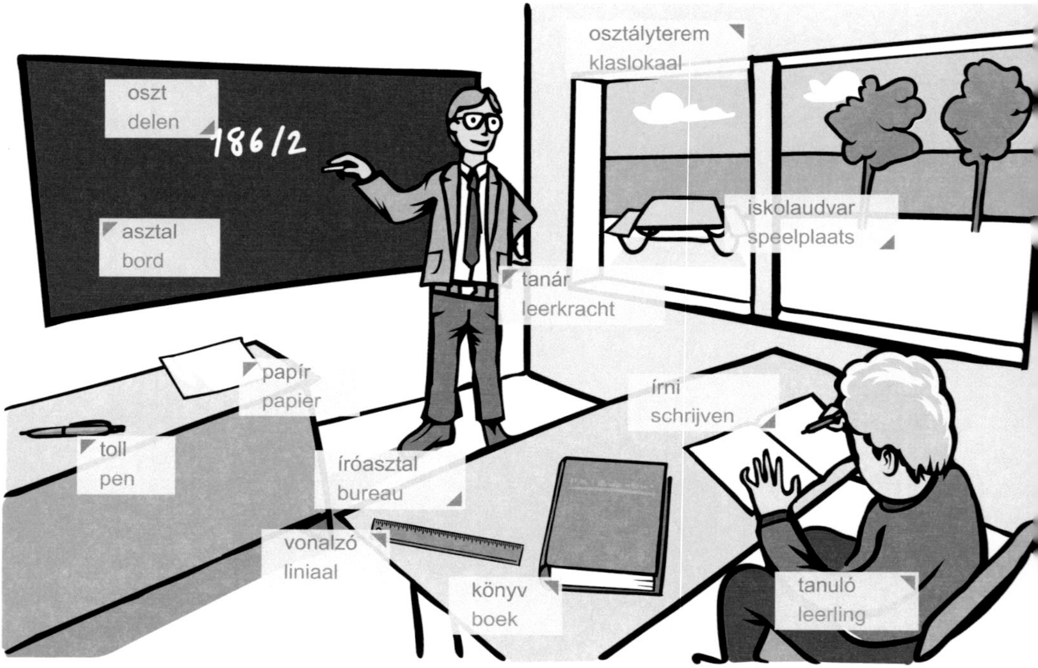
osztályterem
klaslokaal
oszt
delen
186/2
asztal
bord
iskolaudvar
speelplaats
tanár
leerkracht
papír
papier
írni
schrijven
toll
pen
íróasztal
bureau
vonalzó
liniaal
könyv
boek
tanuló
leerling

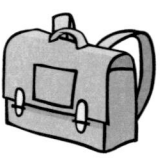

iskolatáska

schooltas

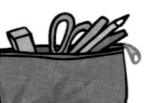

tolltartó

pennenzak

ceruza

potlood

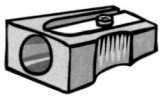

ceruzahegyező

puntenslijper

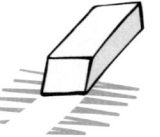

radír

gom

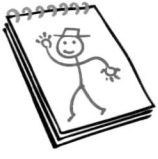

rajzfüzet

tekenblok

rajz
tekening

ecset
verfborstel

festőkészlet
verfdoos

olló
schaar

ragasztó
lijm

munkafüzet
werkboek

házi feladat
huiswerk

szám
nummer

összead
optellen

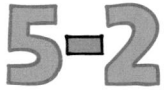

kivon
aftrekken

szoroz
vermenigvuldigen

számol
rekenen

betű
letter

ABC
alfabet

szó
woord

szöveg

tekst

olvasni

Lezen

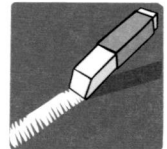

kréta

krijt

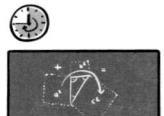

tanóra

les

napló

klassenboek

vizsga

examen

bizonyítvány

certificaat

iskolai egyenruha

schooluniform

oktatás

onderwijs

enciklopédia

encyclopedie

egyetem

universiteit

mikroszkóp

microscoop

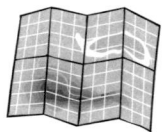

térkép

kaart

papír-hulladék gyűjtő

papiermand

hotel
hotel

szállás
jeugdherberg

ROOMS

valutaváltó iroda
wisselkantoor

ÉCHANGE

bőrönd
koffer

autó
auto

nyelv

Taal

igen/nem

ja / nee

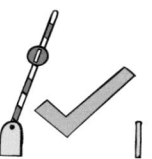

rendben

oké

szia

hallo

fordító

vertaler

köszönöm

bedankt

mennyibe kerül...?

Hoeveel kost ...?

nem értem

Ik begrijp het niet

probléma

probleem

Jó estét!

Goedenavond!

jó reggelt!

Goedemorgen!

jó éjszakát!

Goedenavond!

viszontlátásra

Tot ziens

útirány

richting

poggyász

bagage

táska

zak

hátizsák

rugzak

vendég

gast

szoba

kamer

hálózsák

slaapzak

sátor

tent

turista információ

toeristeninformatie

strand

strand

hitelkártya

kredietkaart

reggeli

ontbijt

ebéd

lunch

vacsora

avondeten

jegy

ticket

lift

lift

bélyeg

postzegel

határ

grens

vám

douane

nagykövetség

ambassade

vízum

visum

útlevél

paspoort

közlekedés
transport

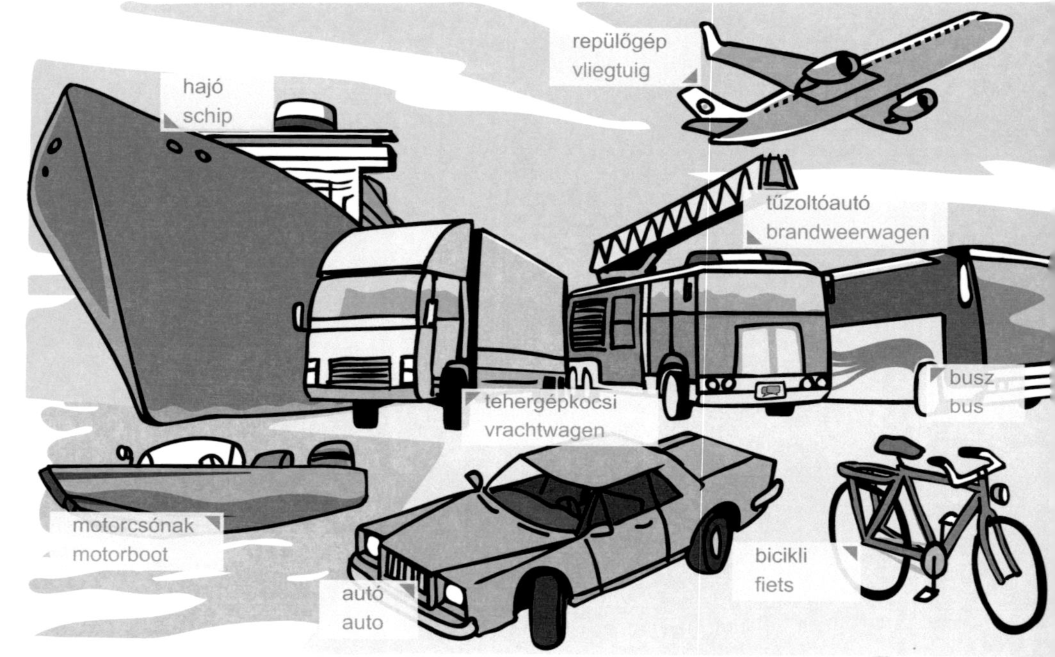

repülőgép
vliegtuig
hajó
schip
tűzoltóautó
brandweerwagen
busz
bus
tehergépkocsi
vrachtwagen
motorcsónak
motorboot
bicikli
fiets
autó
auto

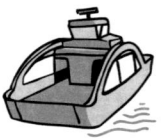

komp

veerboot

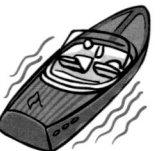

csónak

boot

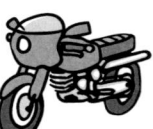

motorkerékpár

motor

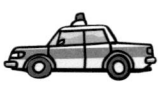

rendőrautó

politiewagen

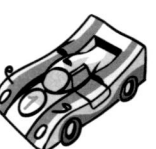

versenyautó

racewagen

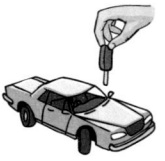

bérautó

huurauto

telekocsi
carpoolen

vontató
sleepwagen

szemetes autó
vuilniswagen

motor
motor

üzemanyag
benzine

benzinkút
benzinestation

közlekedési tábla
verkeersbord

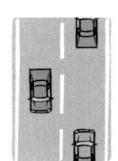

forgalom
verkeer

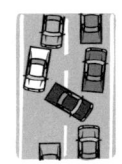

forgalmi dugó
file

parkoló
parkeerplaats

vonatállomás
station

sínek
sporen

vonat
trein

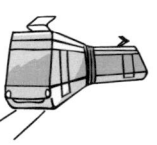

villamos
tram

vagon
wagon

helikopter
helikopter

repülőtér
luchthaven

torony
toren

utas
passagier

konténer
container

kartondoboz
karton

taliga
kar

kosár
mand

felszáll / leszáll
opstijgen / landen

város
stad

falu
dorp

városközpont
stadscentrum

ház
huis

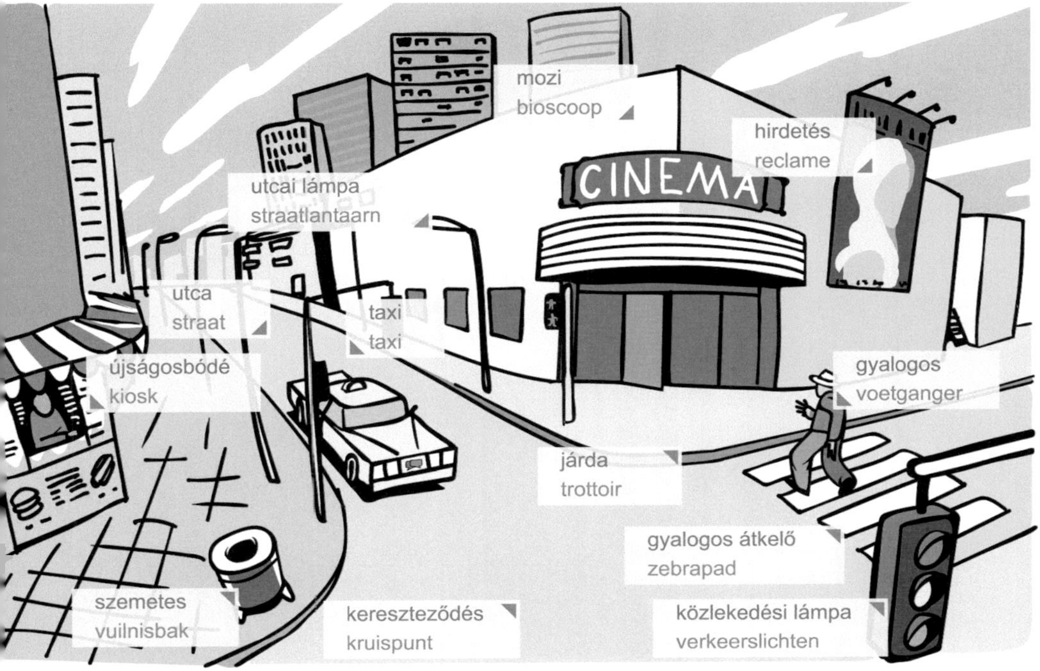

mozi
bioscoop

hirdetés
reclame

utcai lámpa
straatlantaarn

CINEMA

utca
straat

taxi
taxi

gyalogos
voetganger

újságosbódé
kiosk

járda
trottoir

gyalogos átkelő
zebrapad

szemetes
vuilnisbak

kereszteződés
kruispunt

közlekedési lámpa
verkeerslichten

kunyhó
hut

lakás
woning

vonatállomás
station

városháza
stadshuis

múzeum
museum

iskola
school

egyetem
universiteit

bank
bank

kórház
ziekenhuis

hotel
hotel

gyógyszertár
apotheek

iroda
kantoor

könyvesbolt
boekwinkel

üzlet
winkel

virágüzlet
bloemenwinkel

szupermarket
supermarkt

piac
markt

áruház
warenhuis

halárus
vishandelaar

bevásárló központ
winkelcentrum

kikötő
haven

park

park

pad

bank

híd

brug

lépcső

trap

metró

metro

alagút

tunnel

buszmegálló

bushalte

bár

bar

étterem

restaurant

postaláda

brievenbus

utcatábla

straatnaambord

parkoló óra

parkeermeter

állatkert

zoo

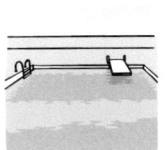

uszoda

zwembad

mecset

moskee

gazdálkodás

boerderij

környezetszennyezés

milieuverontreiniging

temető

kerkhof

templom

kerk

játszótér

speelplaats

szentély

tempel

táj
landschap

levél
blad

útjelző tábla
wegwijzer

út
weg

rét
weide

kő
steen

túrázó
wandelaar

fa
boom

folyó
rivier

fű
gras

virág
bloem

völgy
vallei

domb
heuvel

tó
meer

erdő
bos

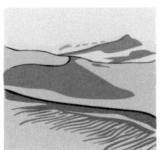

sivatag
woestijn

vulkán
vulkaan

kastély
kasteel

szivárvány
regenboog

gomba
paddenstoel

pálmafa
palmboom

szúnyog
mug

légy
vlieg

hangya
mier

méhecske
bijl

pók
spin

bogár

kever

béka

kikker

mókus

eekhoorn

sündisznó

egel

nyúl

haas

bagoly

uil

madár

vogel

hattyú

zwaan

vaddisznó

wild zwijn

szarvas

hert

rénszarvas

eland

gát

dam

szélturbina

windturbine

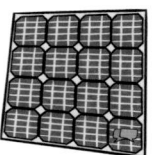

napelem

zonnepaneel

éghajlat

klimaat

étterem
restaurant

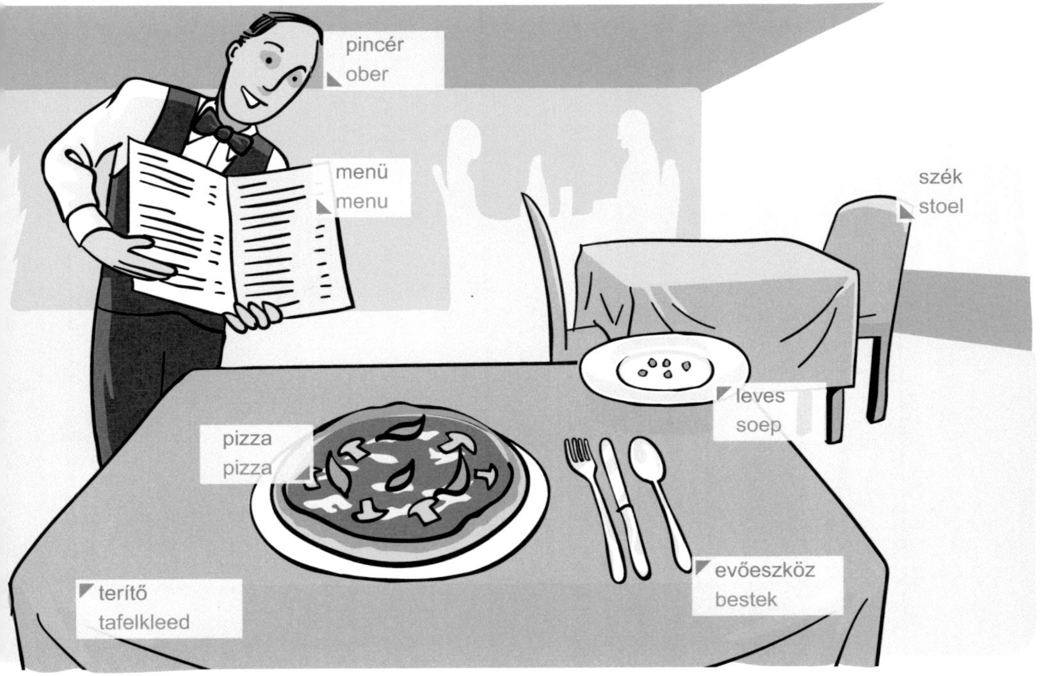
pincér
ober
menü
menu
szék
stoel
leves
soep
pizza
pizza
evőeszköz
bestek
terítő
tafelkleed

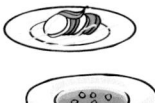

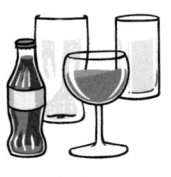

előétel

voorgerecht

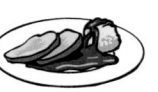

főétel

hoofdgerecht

desszert

nagerecht

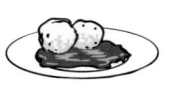

italok

drankjes

étel

eten

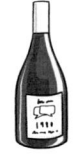

üveg

fles

gyorsétel

fastfood

gyorsétel

street food

teás kanna

theepot

cukortartó

suikerpot

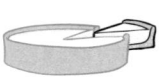

adag

portie

eszpresszógép

espressomachine

bárszék

kinderstoel

számla

rekening

tálca

dienblad

kés

mes

villa

vork

kanál

lepel

teáskanál

theelepel

szalvéta

serviette

pohár

glas

tányér
bord

leveses tányér
soepbord

csészealj
schoteltje

szósz
saus

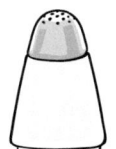

sószóró
zoutvatje

borsőrlő
pepermolen

ecet
azijn

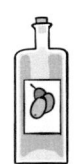

étkezési olaj
olie

fűszerek
kruiden

ketchup
ketchup

mustár
mosterd

majonéz
mayonaise

szupermarket
supermarkt

különleges ajánlat
aanbieding
FOR
ügyfél
klant
tejtermék
zuivelproducten
gyümölcsök
fruit
bevásárló kocsi
winkelwagen

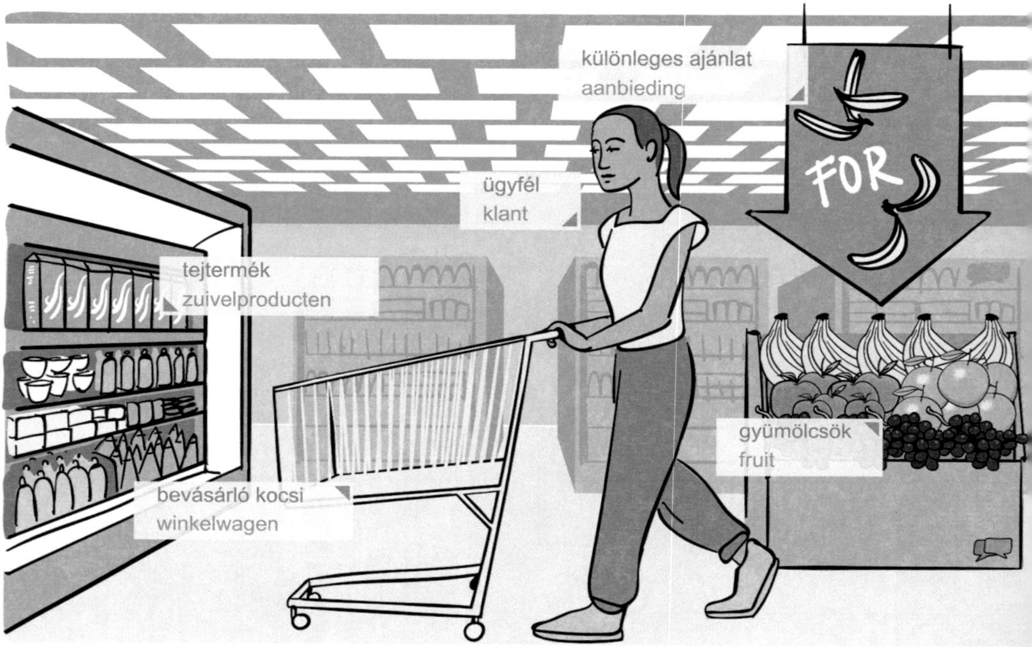

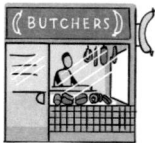

BUTCHERS

hentes

slagerij

BAKERY

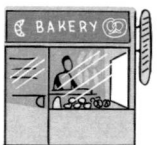

pékség

bakkerij

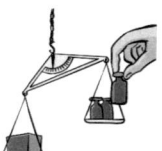

nyom valamennyit

wegen

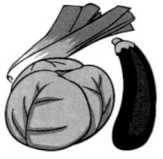

zöldség

groenten

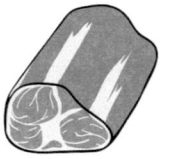

hús

vlees

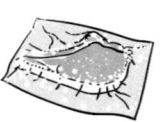

fagyasztott áru

diepvriesvoedsel

felvágott
charcuterie

konzerv
conserven

mosópor
waspoeder

édességek
snoep

háztartási termék
huishoudproducten

tisztítószerek
schoonmaakproducten

eladó
verkoopster

pénztárgép
kassa

eladó
kassier

bevásárló lista
boodschappenlijstje

nyitva tartás
openingstijden

levéltárca
portefeuille

hitelkártya
kredietkaart

zacskó
tas

műanyag zacskó
plastieken zakje

víz

water

gyümölcslé

sap

tej

melk

kóla

cola

bor

wijn

sör

bier

alkohol

alcohol

kakaó

cacao

tea

thee

kávé

koffie

eszpresszó

espresso

kapucsínó

cappuccino

banán

banaan

alma

appel

narancs

sinaasappel

sárgadinnye

meloen

citrom

citroen

sárgarépa

wortel

fokhagyma

knoflook

bambusz

bamboe

hagyma

ajuin

gomba

champignon

magvak

noten

nokedli

noodles

spagetti

spaghetti

rizs

rijst

saláta

salade

sült krumpli

frieten

sült burgonya

gebakken aardappelen

pizza

pizza

hamburger

hamburger

szendvics

sandwich

hússzelet

kalfslapje

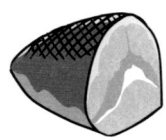

sonka

ham

szalámi

salami

kolbász

worst

csirke

kip

pecsenye

braden

hal

vis

zabkása
havervlokken

müzli
muesli

kukoricapehely
cornflakes

liszt
bloem

croissant
croissant

zsemle
pistolet

kenyér
brood

pirítós kenyér
toast

keksz
koekjes

vaj
boter

túró
kwark

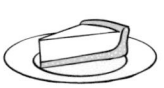

sütemény
taart

tojás
ei

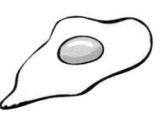

tükörtojás
spiegelei

sajt
kaas

étel - eten

jégkrém

ijs

cukor

suiker

méz

honing

lekvár

confituur

mogyorókrém

choco

curry

curry

étel - eten

gazdálkodás
boerderij

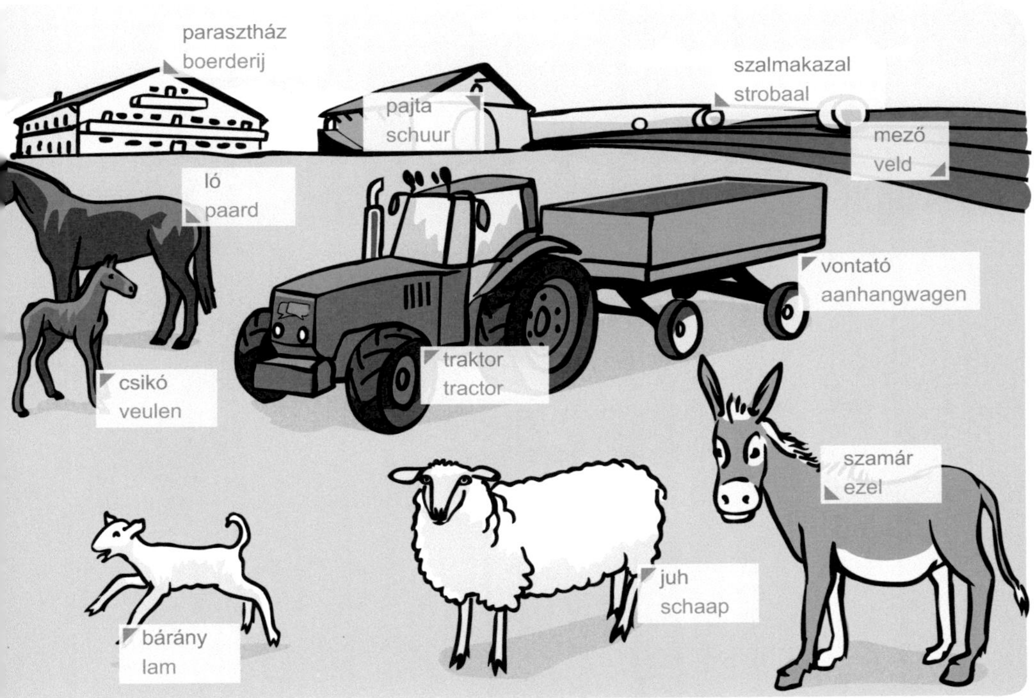
parasztház
boerderij
pajta
schuur
szalmakazal
strobaal
mező
veld
ló
paard
vontató
aanhangwagen
csikó
veulen
traktor
tractor
szamár
ezel
juh
schaap
bárány
lam

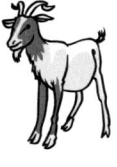

kecske

geit

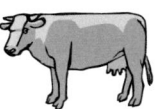

tehén

koe

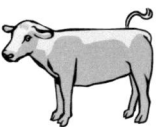

borjú

kalf

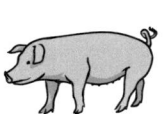

malac

varken

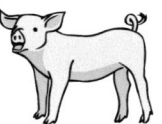

kismalac

biggetje

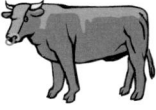

bika

stier

liba

gans

kacsa

eend

csibe

kuiken

tojó

kip

kakas

haan

patkány

rat

macska

kat

egér

muis

ökör

os

kutya

hond

kutyaház

hondenhok

kerti öntözőcső

tuinslang

öntözőkanna

gieter

kasza

zeis

eke

ploeg

sarló

sikkel

kapa

schoffel

vasvilla

hooivork

fejsze

bijl

talicska

kruiwagen

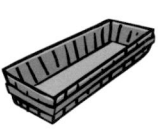

teknő

trog

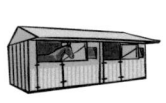

tejes kancsó

melkkan

zsák

zak

kerítés

hek

istálló

stal

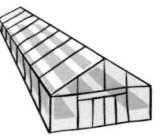

üvegház

broeikas

talaj

bodem

vetőmag

zaad

trágya

mest

cséplőgép

maaidorser

szüretelni

oogsten

betakarítás

oogst

yamgyökér

yam

búza

tarwe

szója

soja

burgonya

aardappel

kukorica

maïs

repcemag

koolzaad

gyümölcsfa

fruitboom

manióka

maniok

gabona

graan

ház

huis

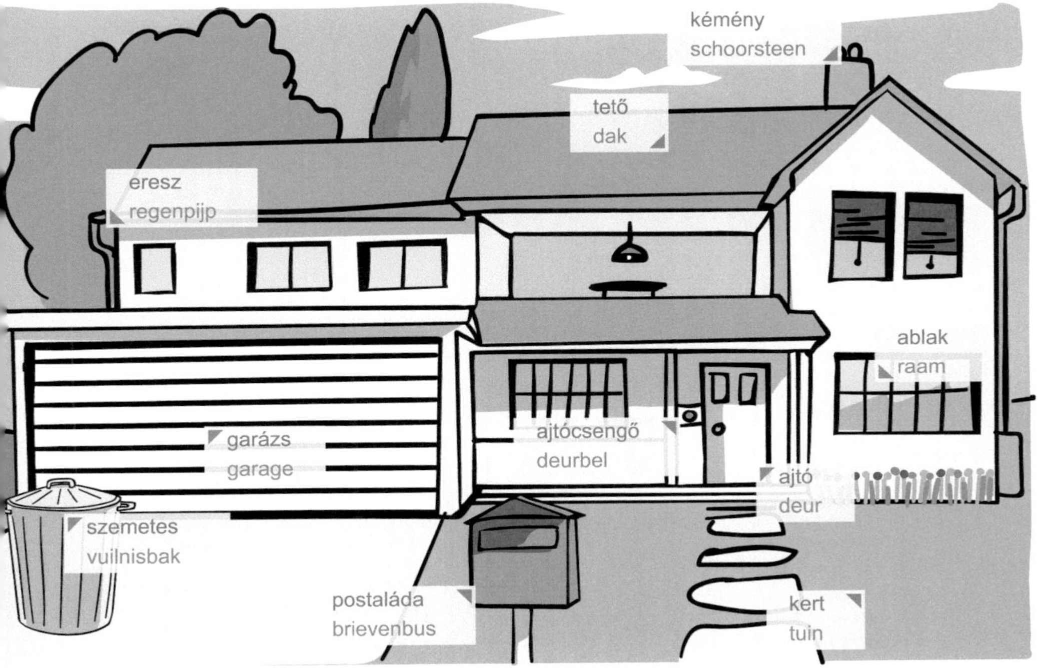

kémény
schoorsteen
tető
dak
eresz
regenpijp
ablak
raam
garázs
garage
ajtócsengő
deurbel
ajtó
deur
szemetes
vuilnisbak
postaláda
brievenbus
kert
tuin

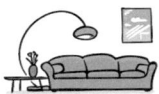

nappali

woonkamer

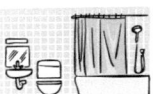

fürdőszoba

badkamer

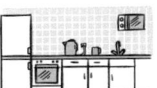

konyha

keuken

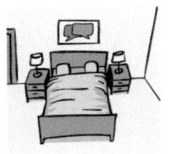

hálószoba

slaapkamer

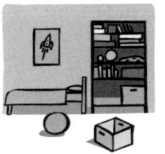

gyerekszoba

kinderkamer

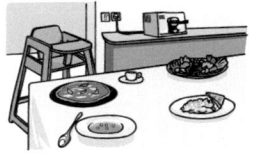

ebédlő

eetkamer

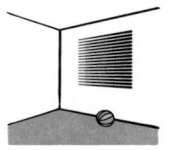

padló

vloer

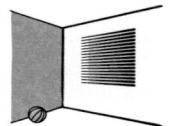

fal

muur

plafon

plafond

pince

kelder

szauna

sauna

erkély

balkon

terasz

terras

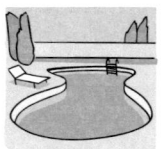

medence

zwembad

fűnyíró

grasmaaier

lepedő

dekbedovertrek

ágytakaró

dekbed

ágy

bed

seprű

bezem

vödör

emmer

kapcsoló

schakelaar

nappali
woonkamer

tapéta
behangpapier
kép
foto
lámpa
lamp
polc
schap
szekrény
kast
televízió
televisie
kandalló
open haard
virág
bloem
párna
kussen
kanapé
sofa
váza
vaas
távirányító
afstandsbediening

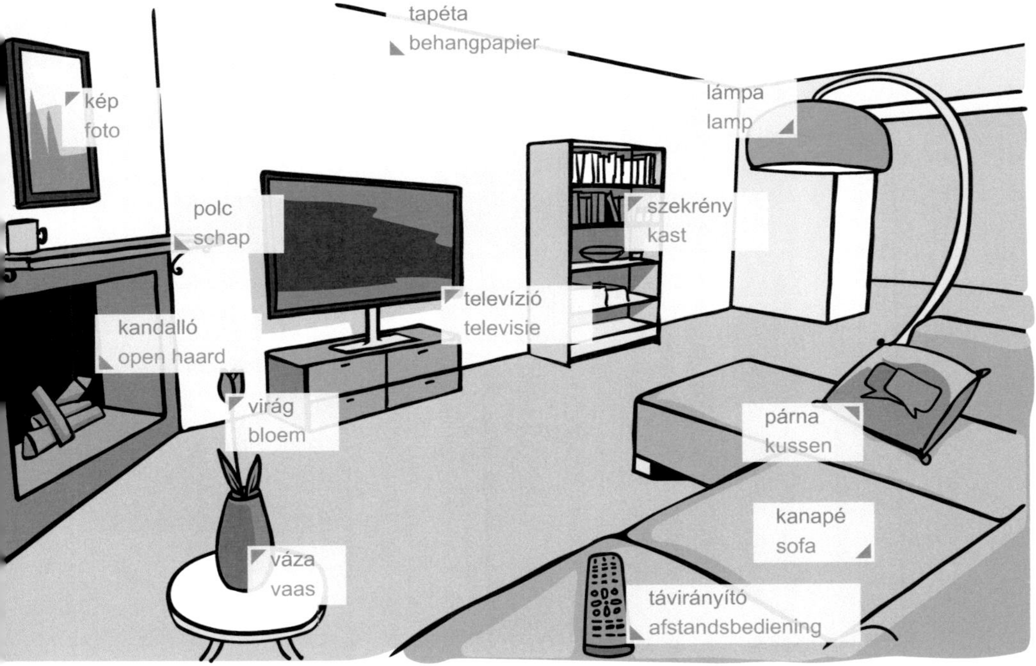

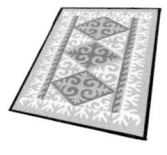

szőnyeg

mat

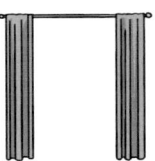

függöny

gordijn

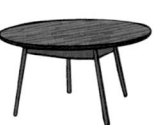

asztal

tafel

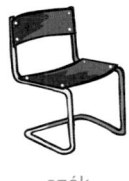

szék

stoel

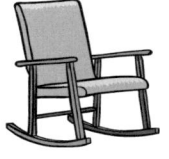

hintaszék

schommelstoel

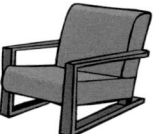

karosszék

fauteuil

könyv

boek

takaró

deken

dekoráció

decoratie

tűzifa

brandhout

film

film

hifi

stereo-installatie

kulcs

sleutel

újság

krant

festmény

schilderij

poszter

poster

rádió

radio

jegyzetfüzet

notitieboekje

porszívó

stofzuiger

kaktusz

cactus

gyertya

kaars

konyha
keuken

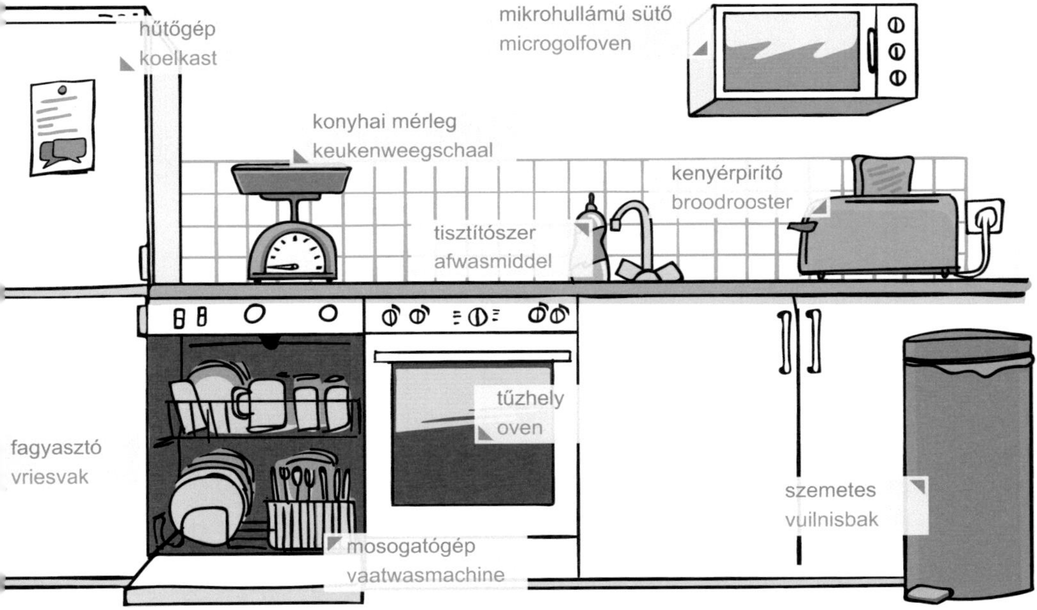

hűtőgép
koelkast
mikrohullámú sütő
microgolfoven
konyhai mérleg
keukenweegschaal
kenyérpirító
broodrooster
tisztítószer
afwasmiddel
tűzhely
oven
fagyasztó
vriesvak
szemetes
vuilnisbak
mosogatógép
vaatwasmachine

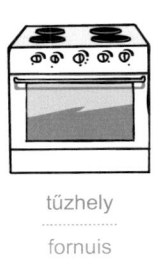

tűzhely

fornuis

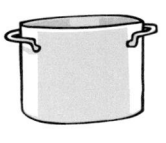

edény

pot

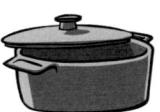

vasfazék

gietijzeren pot

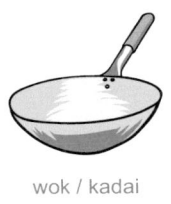

wok / kadai

wok / kadai

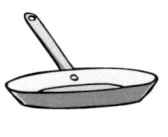

serpenyő

pan

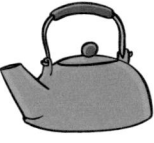

vízforraló

waterkoker

pároló
stoomkoker

tepsi
bakplaat

étkészlet
servies

bögre
mok

tálka
kom

evőpálcika
eetstokjes

merőkanál
pollepel

keverőlapátka
spatel

habverő
garde

szűrő
vergiet

szita
zeef

reszelő
rasp

mozsár
mortier

grillsütő
barbecue

kandalló
haardvuur

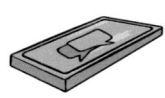

vágódeszka

snijplank

sodrófa

deegrol

dugóhúzó

kurkentrekker

doboz

blik

konzervnyitó

blikopener

edényfogó

pannenlap

mosogató

gootsteen

kefe

borstel

szivacs

spons

turmixgép

blender

mélyhűtő

vriezer

cumisüveg

papfles

csap

kraan

fürdőszoba
badkamer

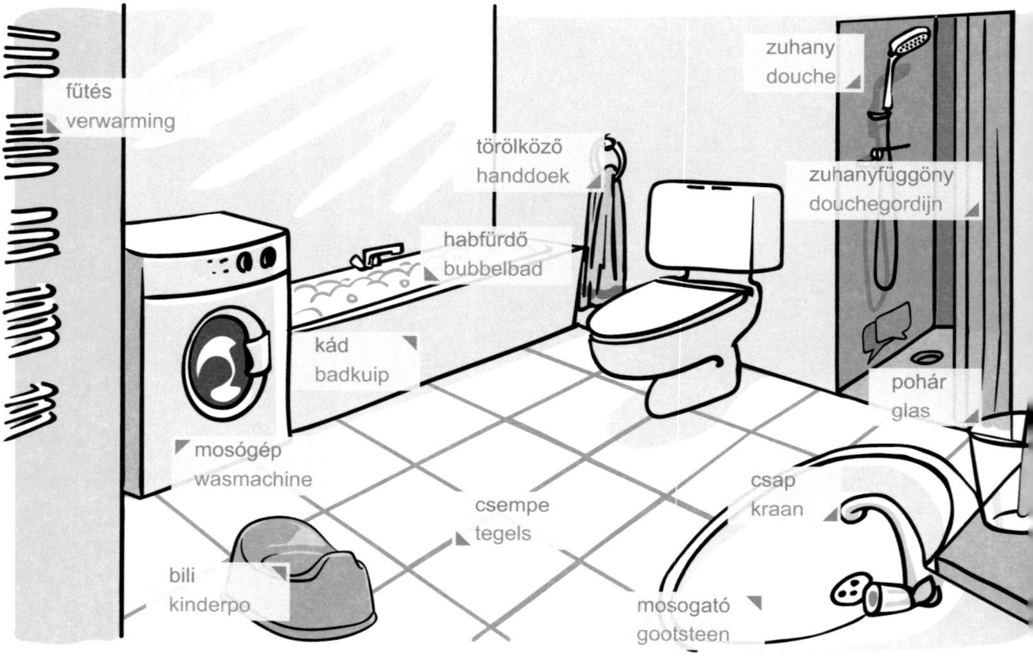

fűtés
verwarming
törölköző
handdoek
zuhany
douche
zuhanyfüggöny
douchegordijn
habfürdő
bubbelbad
kád
badkuip
pohár
glas
mosógép
wasmachine
csap
kraan
csempe
tegels
bili
kinderpo
mosogató
gootsteen

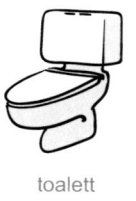

toalett

toilet

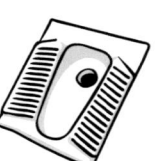

guggolós toalett

hurktoilet

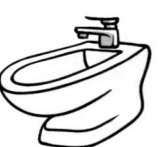

bidé

bidet

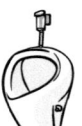

piszoár

urinoir

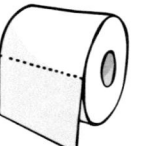

toalett papír

toiletpapier

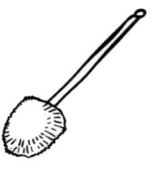

wc kefe

toiletborstel

fogkefe

tandenborstel

fogkrém

tandpasta

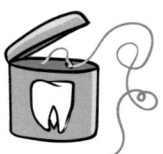

fogselyem

flosdraad

mosni

wassen

kézi zuhany

handdouche

intimzuhany

bidethanddouche

mosdótál

waskom

hátmosó kefe

rugborstel

szappan

zeep

tusfürdő

douchegel

sampon

shampoo

mosdókesztyű

washandje

lefolyó

afvoer

krém

crème

dezodor

deodorant

tükör
spiegel

kézitükör
handspiegel

borotva
scheermes

borotvahab
scheerschuim

borotválkozás utáni
arcszesz
aftershave

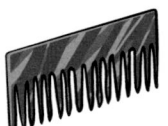

fésű
kam

hajkefe
borstel

hajszárító
haardroger

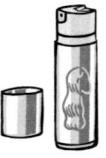

hajlakk
haarlak

smink
make-up

ajakrúzs
lippenstift

körömlakk
nagellak

vatta
watten

körömvágó olló
nagelknipper

parfüm
parfum

neszesszer

toilettas

sámli

kruk

mérleg

weegschaal

köntös

badjas

gumikesztyű

latex handschoenen

tampon

tampon

egészségügyi betét

maandverband

vegyi WC

chemisch toilet

gyerekszoba
kinderkamer

ébresztő óra
wekker
plüssállat
knuffel
játékautó
speelgoedauto
csörgő
rammelaar
babaház
poppenhuis
ajándék
geschenk

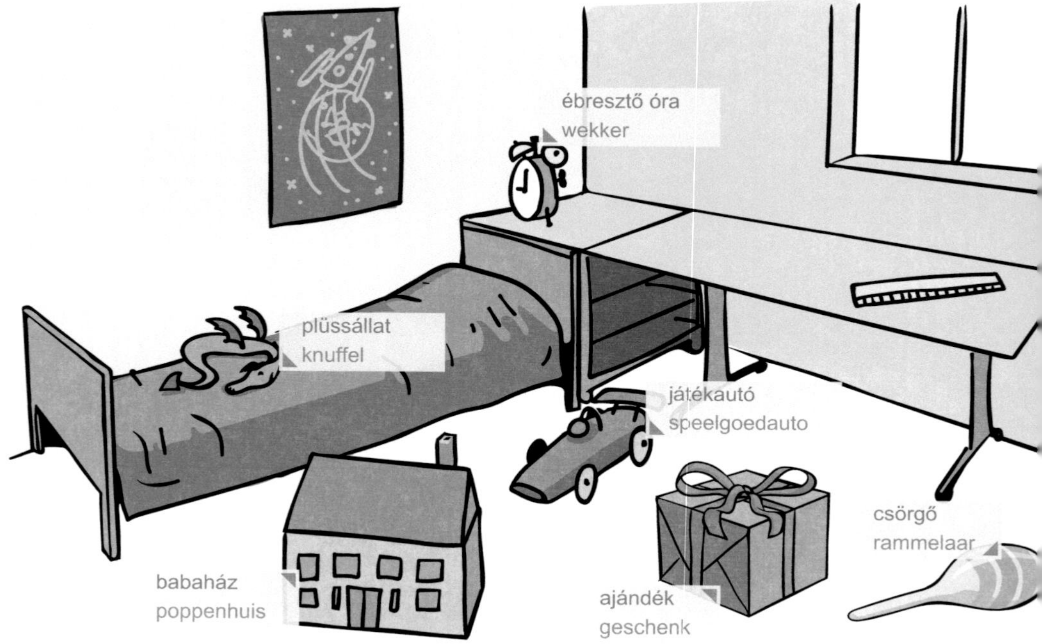

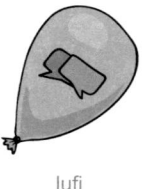

lufi

ballon

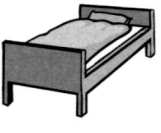

ágy

bed

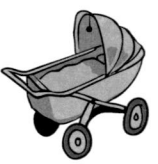

babakocsi

kinderwagen

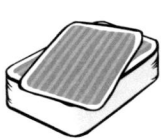

kártyapakli

spel kaarten

kirakós játék

puzzel

SUPER
MEGA

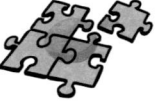

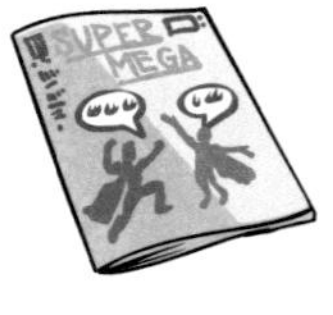

képregény

stripboek

építőkockák

legoblokjes

építőelem

blokken

szuperhős

actiefiguur

rugdalózó

kruippakje

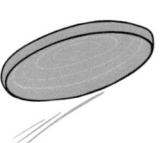

frizbi

frisbee

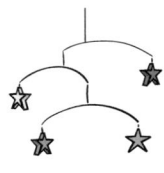

zenélő forgó

mobiel

társasjáték

bordspel

kocka

dobbelsteen

modellvasút

modelspoorweg

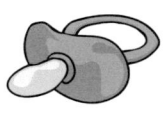

cumi

fopspeen

zsúr

feest

képeskönyv

prentenboek

labda

bal

baba

pop

játszani

spelen

homokozó

zandbak

hinta

schommel

játékok

speelgoed

videójáték konzol

spelconsole

tricikli

driewieler

teddi maci

knuffelbeer

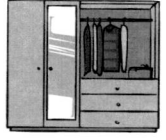

ruhásszekrény

kleerkast

ruházat
kleding

zokni

sokken

harisnya

kousen

harisnyanadrág

maillot

sál
sjaal

esernyő
paraplu

póló
T-shirt

öv
riem

csizma
laarzen

papucs
slippers

tornacipő
sneakers

szandál
·················
sandalen

cipő
·················
schoenen

gumicsizma
·················
rubberlaarzen

alsónadrág
·················
onderbroek

melltartó
·················
beha

mellény
·················
onderhemd

ruházat - kleding

45

body
lichaam

nadrág
broek

farmer
jeans

szoknya
rok

blúz
blouse

ing
hemd

pulóver
trui

kapucnis pulóver
capuchontrui

blézer
blazer

dzseki
jas

kabát
jas

esőkabát
regenjas

kosztüm
kostuum

ruha
jurk

esküvői ruha
trouwjurk

öltöny

pak

hálóing

nachthemd

pizsama

pyjama

szári

sari

fejkendő

hoofddoek

turbán

tulband

burka

boerka

kaftán

kaftan

abaya

abaya

fürdőruha

badpak

fürdőnadrág

zwembroek

rövidnadrág

short

tréningruha

trainingspak

kötény

schort

kesztyű

handschoenen

gomb

knoop

szemüveg

bril

karkötő

armband

nyaklánc

ketting

gyűrű

ring

fülbevaló

oorbel

sapka

pet

vállfa

kapstok

kalap

hoed

nyakkendő

das

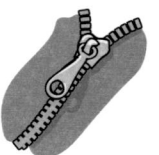

cipzár

rits

bukósisak

helm

nadrágtartó

bretellen

iskolai egyenruha

schooluniform

egyenruha

uniform

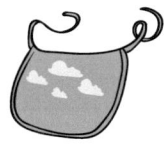

előke

slabbetje

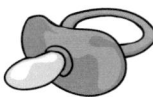

cumi

fopspeen

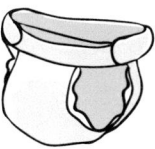

pelenka

luier

iroda
kantoor

szerver
server
irattartó szekrény
dossierkast
nyomtató
printer
papír
papier
képernyő
monitor
íróasztal
bureau
egér
muis
mappa
map
billentyűzet
toestenbord
szék
stoel
papír-hulladék gyűjtő
papiermand
számítógép
computer

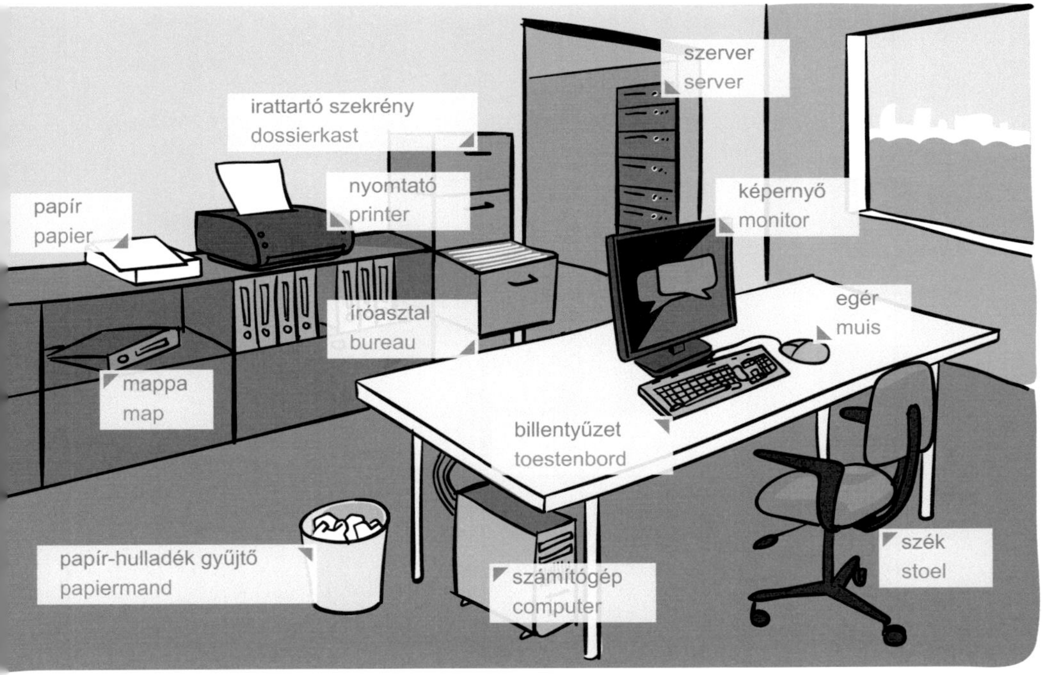

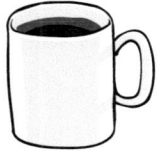

kávéscsésze

koffiemok

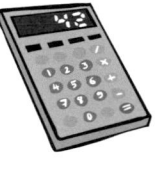

számológép

rekenmachine

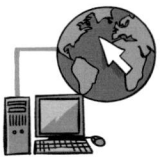

internet

internet

laptop

laptop

levél

brief

üzenet

bericht

mobiltelefon

gsm

hálózat

netwerk

fénymásoló

kopieerapparaat

szoftver

software

telefon

telefoon

konnektor

stopcontact

faxgép

fax

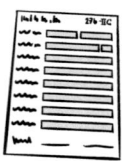

formanyomtatvány

formulier

dokumentum

document

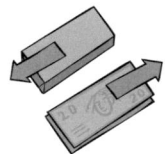

gazdaság
economie

venni
kopen

fizetni
betalen

kereskedni
handelen

pénz
geld

dollár
dollar

euró
euro

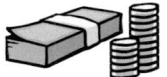

jen
yen

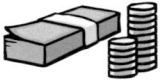

rubel
roebel

svájci frank
Zwitserse frank

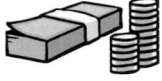

kínai jüan
Chinese renminbi

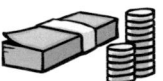

rúpia
roepie

bankautomata
geldautomaat

valutaváltó iroda

wisselkantoor

arany

goud

ezüst

zilver

olaj

olie

energia

energie

ár

prijs

szerződés

contract

adó

belasting

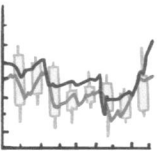

részvény

aandeel

dolgozni

werken

munkavállaló

werknemer

munkaadó

werkgever

gyár

fabriek

üzlet

winkel

foglalkozások
beroepen

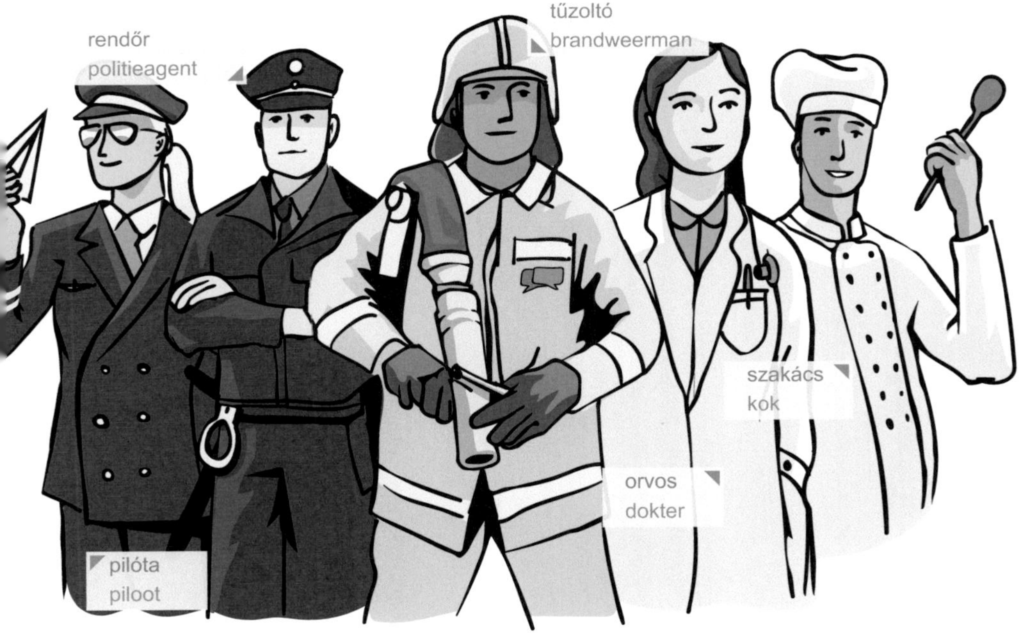
rendőr
politieagent
tűzoltó
brandweerman
szakács
kok
orvos
dokter
pilóta
piloot

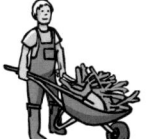

kertész

tuinman

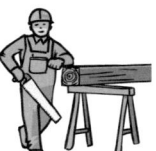

kárpitos

timmerman

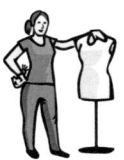

varrónő

naaister

bíró

rechter

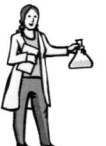

vegyész

chemicus

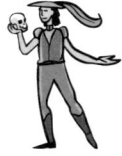

színész

acteur

buszsofőr

buschauffeur

taxisofőr

taxichauffeur

halász

visser

bejárónő

schoonmaakster

tetőfedő

dakdekker

pincér

ober

vadász

jager

festő

schilder

pék

bakker

villanyszerelő

elektricien

építőmunkás

bouwvakker

mérnök

ingenieur

hentes

slager

vízvezeték-szerelő

loodgieter

postás

postbode

katona

soldaat

építész

architect

eladó

kassier

virágos

bloemist

fodrász

kapper

kalauz

conducteur

műszerész

mecanicien

kapitány

kapitein

fogorvos

tandarts

tudós

wetenschapper

rabbi

rabbijn

imám

imam

szerzetes

monnik

lelkész

geestelijke

foglalkozások - beroepen

55

szerszámok
werktuigen

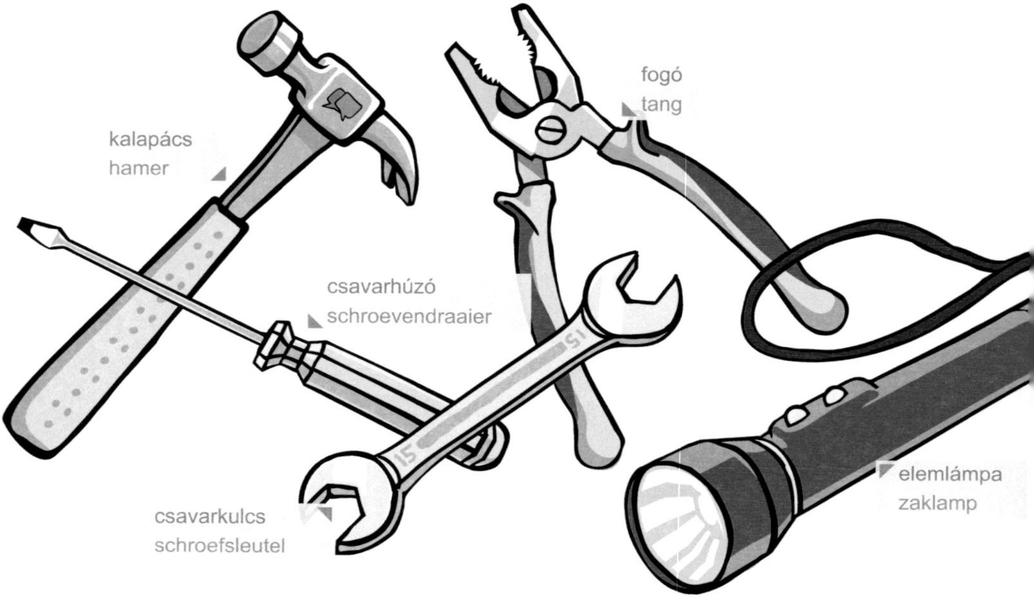
kalapács
hamer
fogó
tang
csavarhúzó
schroevendraaier
csavarkulcs
schroefsleutel
elemlámpa
zaklamp

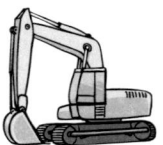

markológép
graafmachine

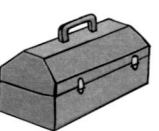

szerszámosláda
gereedschapskoffer

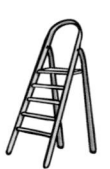

vödör
ladder

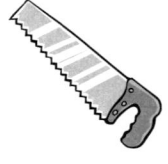

fűrész
zaag

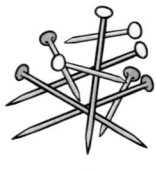

szög
spijkers

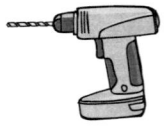

fúrógép
boormachine

megjavítani

repareren

lapát

schop

A francba!

Verdomme!

szemétlapát

blik

festékesdoboz

verfpot

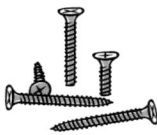

csavar

schroeven

hangszerek
muziekinstrumenten

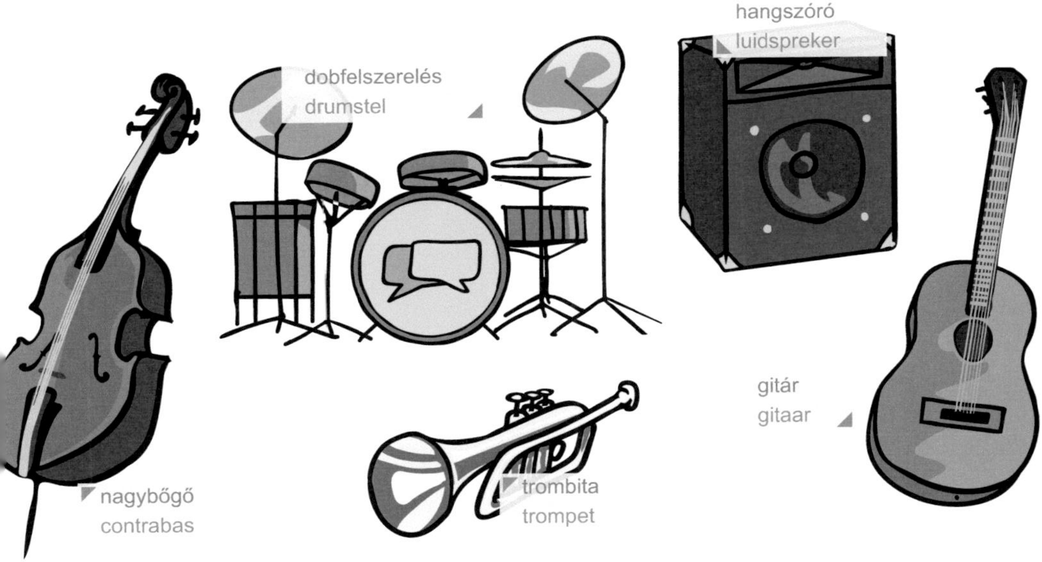

hangszóró
luidspreker

dobfelszerelés
drumstel

gitár
gitaar

nagybőgő
contrabas

trombita
trompet

zongora

piano

hegedű

viool

basszusgitár

basgitaar

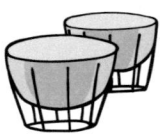

üstdob

pauk

dobok

trommels

digitális zongora

keyboard

szaxofon

saxofoon

fuvola

fluit

mikrofon

microfoon

hangszerek - muziekinstrumenten

állatkert

zoo

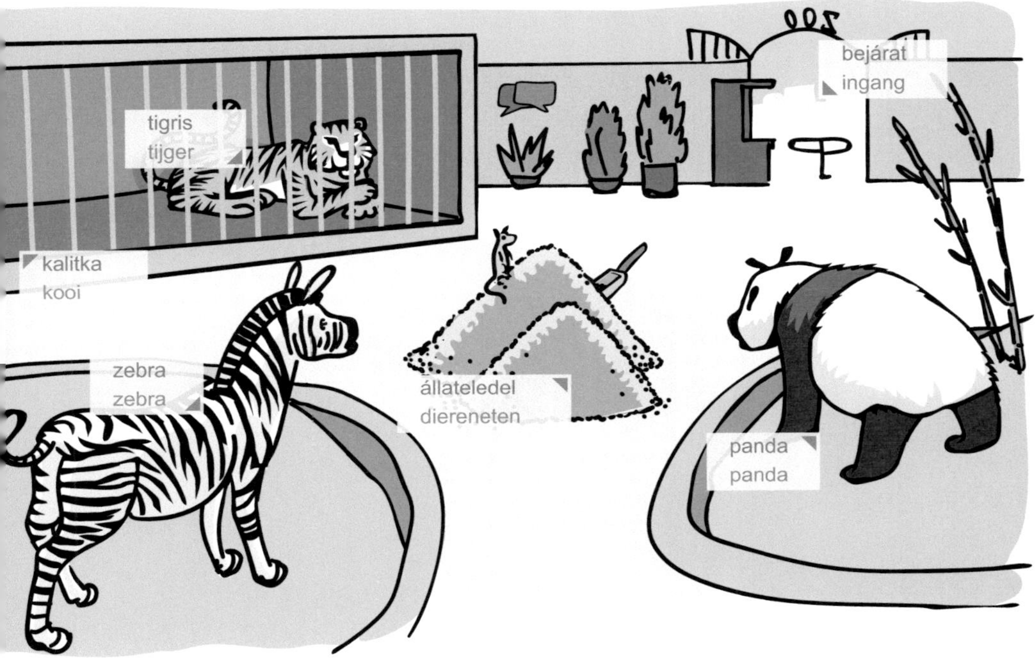
bejárat
ingang
tigris
tijger
kalitka
kooi
zebra
zebra
állateledel
diereneten
panda
panda

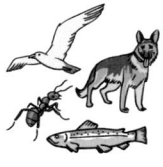

állatok

dieren

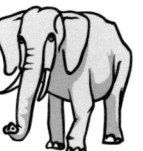

elefánt

olifant

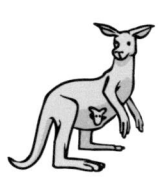

kenguru

kangoeroe

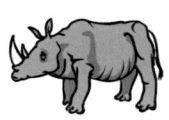

orrszarvú

neushoorn

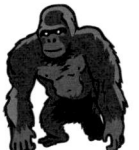

gorilla

gorilla

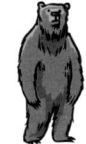

medve

beer

teve
kameel

strucc
struisvogel

oroszlán
leeuw

majom
aap

flamingó
flamingo

papagáj
papegaai

jegesmedve
ijsbeer

pingvin
pinguïn

cápa
haai

páva
pauw

kígyó
slang

krokodil
krokodil

állatgondozó
dierenverzorger

fóka
zeehond

jaguár
jaguar

állatkert - zoo

póniló

pony

leopárd

luipaard

víziló

nijlpaard

zsiráf

giraffe

sas

adelaar

vaddisznó

wild zwijn

hal

vis

teknős

zeeschildpad

rozmár

walrus

róka

vos

gazella

gazelle

állatkert - zoo

amerikai futball
rugby

kerékpározás
wielrennen

tenisz
tennis

kosárlabda
basketbal

úszás
zwemmen

boksz
boksen

jégkorong
ijshockey

futball
voetbal

tollas
badminton

atlétika
atletiek

kézilabda
handbal

síelés
skiën

lovaspóló
polo

nevetni
lachen

ugrani
springen

ölelni
knuffelen

sétálni
wandelen

énekelni
zingen

álmodni
dromen

dicsérni
bidden

csókolni
kussen

írni
schrijven

rajzolni
tekenen

mutatni
tonen

tolni
duwen

adni
geven

vinni
nemen

birtokolni

hebben

csinálni

doen

lenni

zijn

állni

staan

futni

lopen

húzni

trekken

hajít

gooien

esni

vallen

hazudni

liggen

várni

wachten

vinni

dragen

ülni

zitten

felvenni

aankleden

aludni

slapen

felébredni

ontwaken

ránézni

kijken naar

sírni

wenen

simogat

aaien

fésülni

kammen

beszélni

praten

megérteni

begrijpen

kérdezni

vragen

hallgatni

luisteren

inni

drinken

enni

eten

takarítani

opruimen

szeretni

houden van

főzni

koken

vezetni

rijden

szállni

vliegen

vitorlázni

zeilen

számol

rekenen

olvasni

Lezen

tanulni

leren

dolgozni

werken

házasodni

trouwen

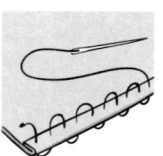

varrni

naaien

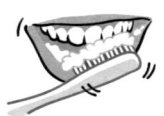

fogat mosni

tandenpoetsen

ölni

doden

dohányozni

roken

küldeni

sturen

család
familie

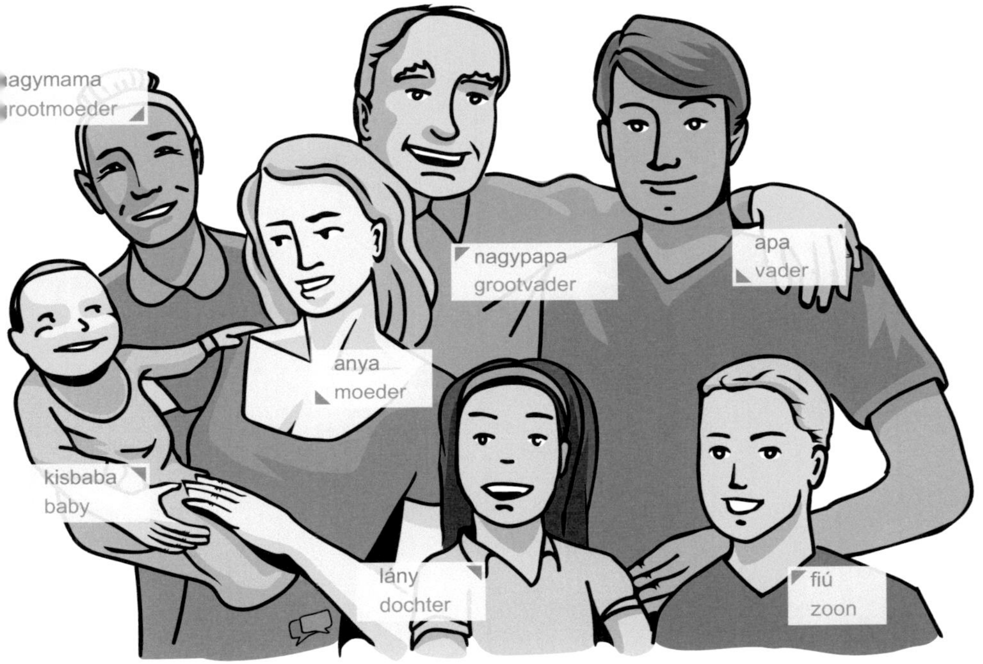

agymama
rootmoeder
nagypapa
grootvader
apa
vader
anya
moeder
kisbaba
baby
lány
dochter
fiú
zoon

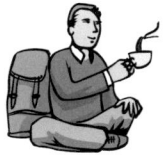

vendég

gast

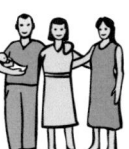

nagynéni

tante

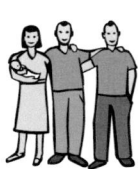

nagybácsi

oom

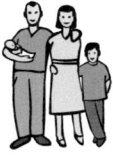

fiútestvér

broer

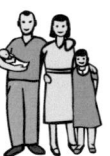

lánytestvér

zus

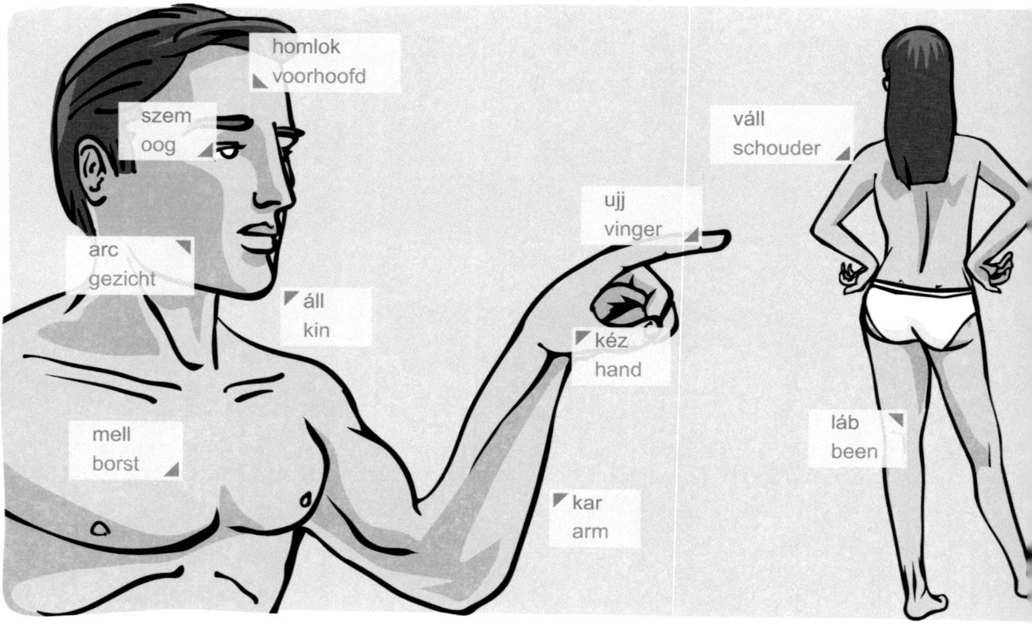

homlok
voorhoofd

szem
oog

váll
schouder

ujj
vinger

arc
gezicht

áll
kin

kéz
hand

mell
borst

láb
been

kar
arm

kisbaba
baby

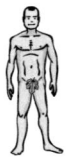

ember
man

nő
vrouw

lány
meisje

fiú
jongen

fej
hoofd

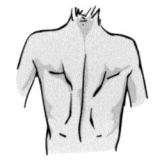

hát
rug

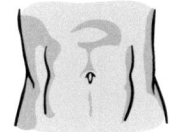

has
buik

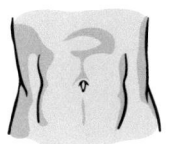

köldök
navel

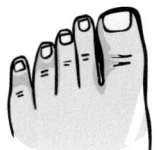

lábujj
teen

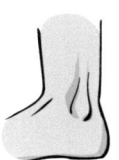

sarok
hiel

csont
bot

csípő
heup

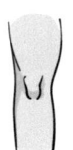

térd
knie

könyök
elleboog

orr
neus

fenék
zitvlak

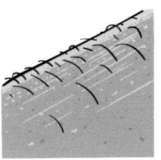

bőr
huid

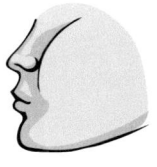

orca
wang

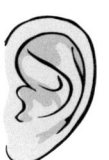

fül
oor

ajak
lip

száj

mond

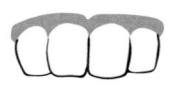

fog

tand

nyelv

tong

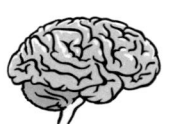

agy

hersenen

szív

hart

izom

spier

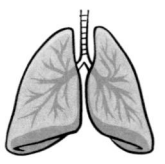

tüdő

long

máj

lever

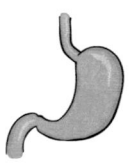

gyomor

maag

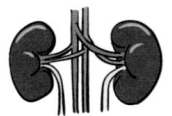

vese

nieren

szex

seks

kondom

condoom

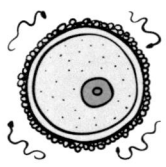

petesejt

eicel

sperma

sperma

terhesség

zwangerschap

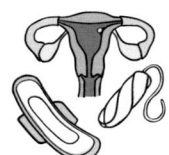

menstruáció

menstruatie

vagina

vagina

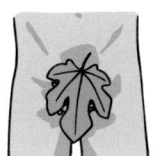

pénisz

penis

szemöldök

wenkbrauw

haj

haar

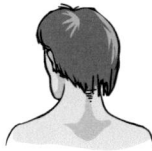

nyak

nek

kórház
ziekenhuis

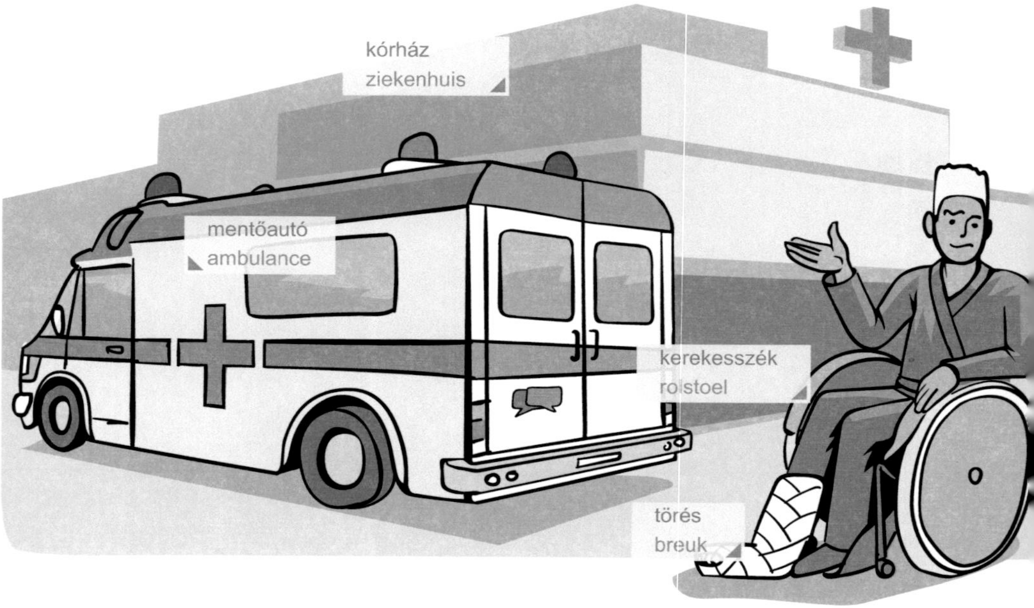

kórház
ziekenhuis
mentőautó
ambulance
kerekesszék
rolstoel
törés
breuk

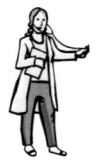

orvos

dokter

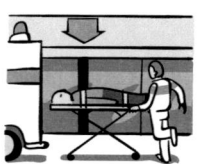

sürgősségi osztály

spoed

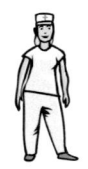

ápoló

verpleegkundige

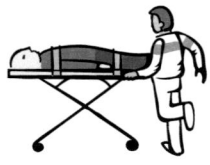

vészhelyzet

noodgeval

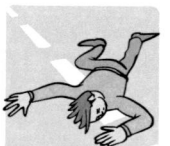

eszméletlen

bewusteloos

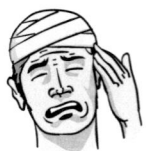

fájdalom

pijn

sérülés

verwonding

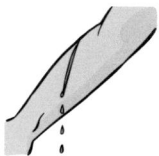

vérzés

bloeding

szívroham

hartaanval

szélütés

beroerte

allergia

allergie

köhögés

hoest

láz

koorts

influenza

griep

hasmenés

diarree

fejfájás

hoofdpijn

rák

kanker

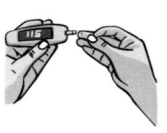

cukorbetegség

diabetes

sebész

chirurg

szike

scalpel

műtét

operatie

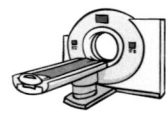

CT

CT

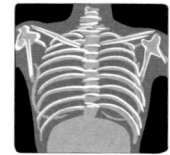

röntgen

röntgenstraal

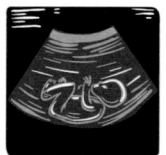

ultrahang

ultrageluid

arcmaszk

gezichtsmasker

betegség

ziekte

váróterem

wachtkamer

mankó

kruk

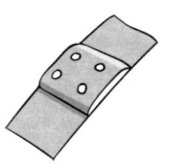

sebtapasz

pleister

kötszer

verband

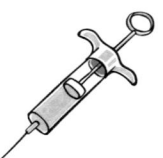

injekció

injectie

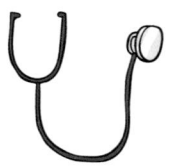

sztetoszkóp

stethoscoop

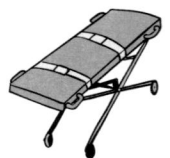

hordágy

brancard

klinikai hőmérő

thermometer

születés

geboorte

túlsúly

overgewicht

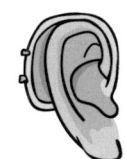

hallókészülék

hoorapparaat

fertőtlenítőszer

ontsmettingsmiddel

fertőzés

infectie

vírus

virus

HIV/AIDS

HIV / AIDS

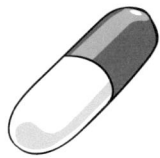

orvosság

medicijn

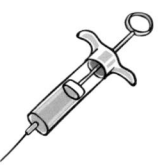

oltás

vaccinatie

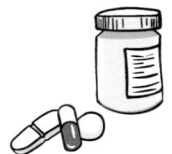

tabletták

tabletten

tabletta

pil

sürgősségi hívás

noodoproep

vérnyomásmérő

bloeddrukmeter

betegség / egészség

ziek / gezond

Segítség!

Help!

riasztás

alarm

rajtaütés

overval

támadás

aanval

veszély

gevaar

vészkijárat

nooduitgang

tűz!

Brand!

tűzoltókészülék

brandblusser

baleset

ongeval

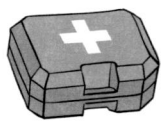

elsősegélycsomag

EHBO-kit

SOS

SOS

rendőrség

politie

Európa

Europa

Észak-Amerika

Noord-Amerika

Dél-Amerika

Zuid-Amerika

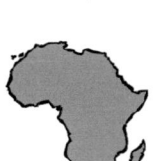

Afrika

Afrika

Ázsia

Azië

Ausztrália

Australië

Atlanti-óceán

Atlantische Oceaan

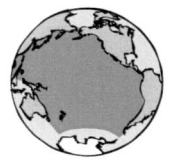

Csendes-óceán

Stille Oceaan

Indiai-óceán

Indische Oceaan

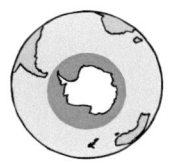

Déli-óceán

Antarctische Oceaan

Jeges-tenger

Arctische Oceaan

Északi-sark

Noordpool

Déli-sark

Zuidpool

Antarktisz

Antarctica

föld

aarde

szárazföld

land

tenger

zee

sziget

eiland

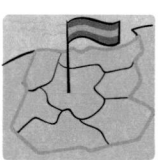

nemzet

natie

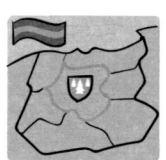

állam

staat

számlap

wijzerplaat

kismutató

uurwijzer

nagymutató

minuutwijzer

másodpercmutató

secondewijzer

Mennyi az idő?

Hoe laat is het?

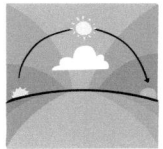

nap

dag

idő

tijd

most

nu

digitális óra

digitale horloge

perc

minuut

óra

uur

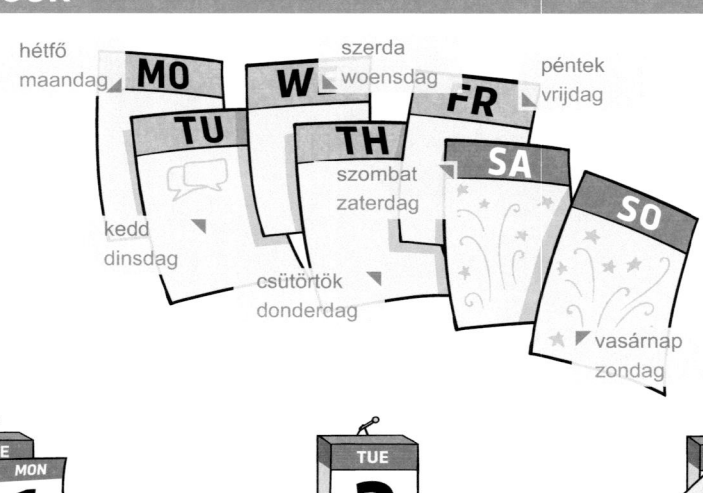

hétfő / maandag — MO
szerda / woensdag — W
péntek / vrijdag — FR
kedd / dinsdag — TU
csütörtök / donderdag — TH
szombat / zaterdag — SA
vasárnap / zondag — SO

tegnap
gisteren

ma
vandaag

holnap
morgen

reggel
ochtend

dél
middag

este
avond

MO	TU	WE	TH	FR	SA	SU
1	2	3	4	5	6	7
8	9	10	11	12	13	14
15	16	17	18	19	20	21
22	23	24	25	26	27	28
29	30	31	1	2	3	4

hétköznap
werkdagen

MO	TU	WE	TH	FR	SA	SU
1	2	3	4	5	6	7
8	9	10	11	12	13	14
15	16	17	18	19	20	21
22	23	24	25	26	27	28
29	30	31	1	2	3	4

hétvége
weekend

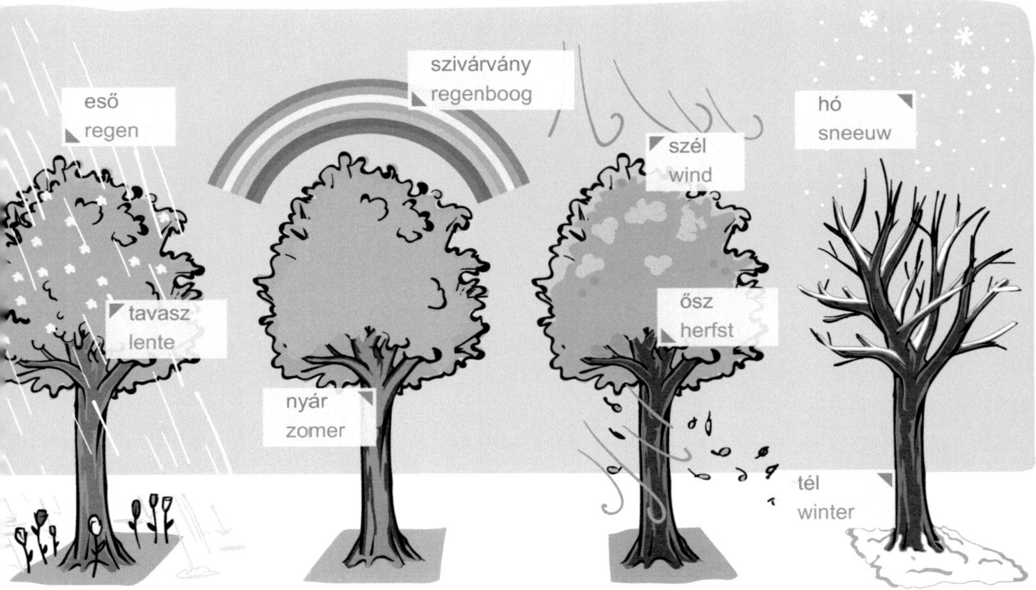

eső
regen

szivárvány
regenboog

szél
wind

hó
sneeuw

tavasz
lente

ősz
herfst

nyár
zomer

tél
winter

4.APRIL	11°
5.APRIL	4°
6.APRIL	13°
7.APRIL	8°
8.APRIL	10°

időjárás előrejelzés
....
weervoorspelling

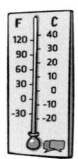

hőmérő
....
thermometer

napsütés
....
zonneschijn

felhő
....
wolk

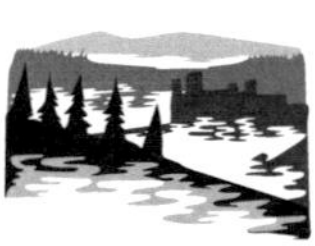

köd
....
mist

páratartalom
....
vochtigheid

villámlás

bliksem

mennydörgés

donder

vihar

storm

jégeső

hagel

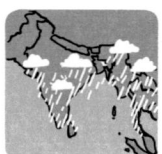

monszun

moesson

áradás

overstroming

jég

ijs

január

januari

február

februari

március

maart

április

april

május

mei

június

juni

július

juli

augusztus

augustus

szeptember
....
september

október
....
oktober

november
....
november

december
....
december

alakzatok

vormen

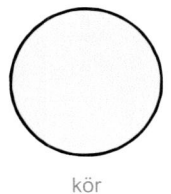

kör
....
cirkel

négyzet
....
kwadraat

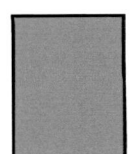

téglalap
....
rechthoek

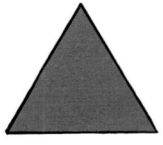

háromszög
....
driehoek

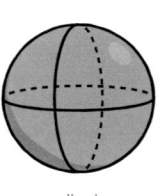

gömb
....
bol

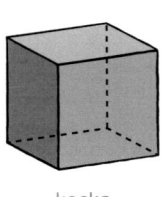

kocka
....
kubus

fehér

wit

sárga

geel

narancs

oranje

rózsaszín

roze

piros

rood

lila

paars

kék

blauw

zöld

groen

barna

bruin

szürke

grijs

fekete

zwart

sok / kevés

veel / weinig

mérges / nyugodt

boos / kalm

szép / csúnya

mooi / lelijk

kezdet / vég

begin / einde

nagy / kicsi

groot / klein

világos / sötét

licht / donker

fivér / nővér

broer / zus

tiszta / koszos

proper / vuil

teljes / nem teljes

volledig / onvolledig

nappal / éjszaka

dag / nacht

halott / élő

dood / levend

széles / keskeny

breed / smal

ehető / nem ehető

eetbaar / oneetbaar

gonosz / kedves

kwaadaardig / vriendelijk

izgatott / unott

opgewonden / verveeld

kövér / vékony

dik / dun

első / utolsó

eerst / laatst

barát / ellenség

vriend / vijand

teli / üres

vol / leeg

kemény / puha

hard / zacht

nehéz / könnyű

zwaar / licht

éhség / szomjúság

honger / dorst

betegség / egészség

ziek / gezond

illegális / legális

illegaal / legaal

intelligens / buta

intelligent / dom

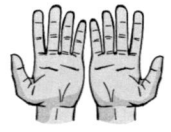

bal / jobb

links / rechts

közel / távol

dichtbij / veraf

új / használt
nieuw / gebruikt

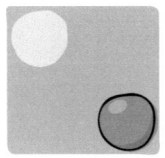

semmi / valami
niets / iets

idős / fiatal
oud / jong

be / ki
aan / uit

nyitva / zárva
open / dicht

csendes / hangos
stil / luid

gazdag / szegény
rijk / arm

helyes / helytelen
juist / fout

érdes / sima
ruw / glad

szomorú / vidám
droevig / blij

rövid / hosszú
kort / lang

lassú / gyors
traag / snel

nedves / száraz
nat / droog

meleg / hideg
warm / koud

háború / béke
oorlog / vrede

0

nulla

nul

1

egy

één

2

kettő

twee

3

három

drie

4

négy

vier

5

öt

vijf

6

hat

zes

7

hét

zeven

8

nyolc

acht

9

kilenc

negen

10

tíz

tien

11

tizenegy

elf

12

tizenkettő

twaalf

13

tizenhárom

dertien

14

tizennégy

veertien

15

tizenöt

vijftien

16

tizenhat

zestien

17

tizenhét

zeventien

18

tizennyolc

achtien

19

tizenkilenc

negentien

20

húsz

twintig

100

száz

honderd

1.000

ezer

duizend

1.000.000

millió

miljoen

angol

Engels

amerikai angol

Amerikaans Engels

mandarin kínai

Chinees (Mandarijn)

hindi

Hindi

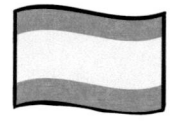

spanyol

Spaans

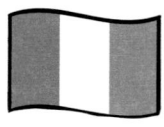

francia

Frans

arab

Arabisch

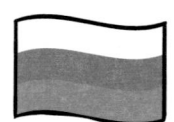

orosz

Russisch

portugál

Portugees

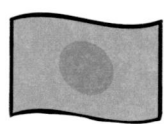

bengáli

Bengali

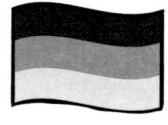

német

Duits

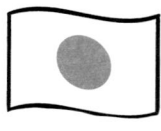

japán

Japans

én

ik

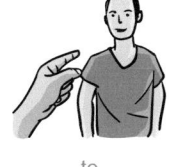

te

u

ő

hij / zij / het

mi

wij

ti

u

ők

ze

ki?

wie?

mi?

wat?

hogyan?

hoe?

hol?

waar?

mikor?

wanneer?

név

naam

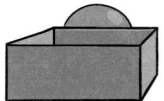

mögött

achter

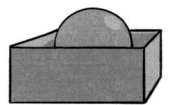

benne

in

elötte

voor

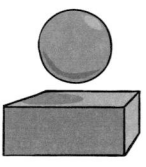

felette

boven

rajta

op

alatta

onder

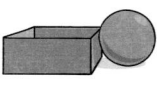

mellett

naast

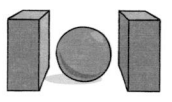

között

tussen

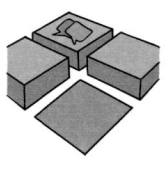

hely

plaats